Beauté qui passe

par Pierre Thiry

Pierre Thiry est également l'auteur de

Romans

Le Polycarpe arpenteur BoD 2023
Le Mystère du pont Gustave-Flaubert BoD 2021
Ramsès au pays des points-virgules BoD 2009

Nouvelles
Valse froide (BoD 2022)

Recueils de poésie

Cinquante-deux reflets, BoD 2022
Fastueuse tempête féconde, BoD 2021
Ce voyage sera-t-il mélodieux, BoD 2021
Termine au logis, BoD 2020
(Cent rondeaux d'un été à savourer l'hiver en dégustant un thé)
Sois danse au vent, BoD 2020
(quatre-Vingt-dix sonnets et quinze rondeaux d'une année Vingt)

La Trilogie des Sansonnets (trois cents sonnets publiés de 2015 à
2019) :
Sansonnets un cygne à l'envers, BoD 2015
Sansonnets aux sirènes s'arriment, BoD 2018
Sansonnet sait du bouleau BoD 2019

Contes pour enfants

Isidore Tiperanole et les trois lapins de Montceau-les-Mines BoD 2011

La Princesse Élodie de Zèbrazur et Augustin le chien qui faisait
n'importe quoi BoD 2017

Le Poète et la princesse Élodie de Zèbrazur (BoD) 2021

http://www.pierre-thiry.fr

Beauté qui passe

sonnets
écrits
par Pierre Thiry

précédés d'une préface signée par
Laurent Robert

2024

Préface
Sonnet en prose pour poète quotidien
par Laurent Robert

1.*Beauté qui passe* : la belle ambiguïté !
La beauté passe, en effet − se flétrit, se
racornit, se déprise, devient cette *vieille accroupie*
d'un sonnet de Ronsard. Et la littérature qui,
d'aucuns le disent, se démode et s'oublie, bien
sûr n'y échappe pas. Mais la beauté passe : il
faut la saisir ou l'arrêter − au moins en faire un
poème, tel *À une passante* de Baudelaire ou *Les
passantes* d'Antoine Pol (chantées par Brassens).

Ce serait d'ailleurs une plutôt estimable
définition du rôle de la poésie : capter le fugitif,
le retenir l'espace de quelques vers (*Le temps
d'un sein nu/ Entre deux chemises* pour Paul

Valéry).

2. Pierre Thiry est un poète quotidien, au sens littéral − et relativement banal − où il écrit tous les jours, mais aussi au sens − nettement plus singulier − où de l'établi sort chaque jour de l'année au moins un poème, et enfin au sens où ce travail est systématiquement montré, semé à tous les vents sur les réseaux sociaux. Une telle constance, une telle opiniâtreté supposent une conception plutôt artisanale de l'écriture : la Muse est là, sans doute, mais c'est une flemmarde qu'il faut tirer du lit tous les matins ! Et l'artisan, avec l'humilité et le métier d'illustres et moins illustres prédécesseurs, fabrique d'abord une pièce, une certaine pièce − façon Tristan Corbière : *Sonnet − c'est un sonnet*.

3. Réglons d'abord son compte au cliché de la ringardise des formes régulières et de la nouveauté de la forme réputée libre. Le vers libre (standard ou international, la prose découpée en coupes plus ou moins syntaxiques) est, en langue française, vieux d'un siècle et demi environ. Depuis un Moyen

Âge sicilo-italien, le sonnet a traversé les siècles et s'est répandu dans de nombreuses langues et littératures. Il est pratiqué par de nombreux poètes contemporains – d'un âge respectable comme Jacques Roubaud ou William Cliff, mais également beaucoup plus jeunes comme Pierre Vinclair et d'autres... En fonction des époques et des courants, sa fertilité est variable, mais le sonnet toujours subsiste en offrant aux langues dans lesquelles il s'écrit leurs plus beaux poèmes – ou leurs plus incisifs. Le surréaliste Robert Desnos, on l'oublie ou l'ignore, fut un brillant sonnettiste, et c'est en sonnet qu'il rhabilla pour l'hiver un certain Maréchal :

> *Maréchal Ducono se page avec méfiance,*
> *Il rêve à la rebiffe et il crie au charron*
> *Car il se sent déjà loquedu et marron*
> *Pour avoir arnaqué le populo de France.*

4. De fait, le sonnet – c'est là son *mystère formel* selon Jacques Roubaud – est une forme fixe qui ne cesse d'être reconnue comme telle, qui porte dès lors le poids d'une tradition de plusieurs siècles, mais qui, dans le même temps, jouit d'une étonnante plasticité et permet aux poètes pratiquement toutes les fantaisies, toutes les libertés : variations dans les mètres (jusqu'à leur négation), variations dans les usages, mésusages, non-usages de la rime, destructuration-reconstruction du poème sous des allures variées − mais toujours, avec une belle obstination, résiste le sonnet ; toujours persiste-il à être identifié comme sonnet, jusque dans les *Sonnets dénaturés* de Blaise Cendrars ou ceux, sans mètre ni rime, du *Test de solitude* d'Emmanuel Hocquard.

5. Plus sage, et peut-être plus subtil, Pierre Thiry triture moins la vieille forme. Il s'amuse néanmoins, comme dans *Sourire* (*24 janvier 2024*), où il fait rimer systématiquement une féminine et une masculine :

Écoute ici comment le geste affable accueille.
Aujourd'hui je veux être un généreux massif,
Évitons les replis crispés de l'escogriffe,
Ne misanthropons plus en bascule à fauteuil.

Dans *Simplement* (*21 février 2024*) et dans *Évanescente* (*22 février 2024*), il fait rimer sans vergogne déterminants et pronoms : *ce* avec *se* et *sa* avec *ça.*

Rimes de tout et de rien qui forcent à l'enjambement, mais valent mieux que les rimes *à plus rien d'autre* (*Poète — 4 avril 2024*) :

C'est quand même assez simple d'être un poète,
Il faudra juste adopter l'air d'un poète :
C'est simple il ne faut rimer à plus rien d'autre.

Facilité inconvenante pour les Classiques et les Parnassiens, la rime du même au même s'avère satirique sans avoir l'air d'y toucher pour *le poète* qui n'a que *l'air d'un poète.*

6. Les chats *sont mes/ professeurs*, écrit Charles Bukowski. Celui de Pierre Thiry est professeur de métrique (*Le chat — 16 mars 2024*) :

L'hendécasyllabe est un rythme animal.
Observez bien vos chats, le mien me le dicte
Chaque jour, il s'endort en prosodie stricte,
Il ronronne et ronfle un impair peu banal.

L'hendécasyllabe est un rythme qui swingue
Qui fascine au hit-parade des félins.
Mon chat cadence un trait net de clavecin,
Il rime en virtuose, il sommeille et swingue.

Ce n'est pas anodin. *Être poète*, c'est toujours, à un moment donné, s'écarter du vacarme du monde – se perdre dans l'or d'une bière, la robe d'un *margaux* ou d'un *nuits*, ou simplement regarder son chat qui dort. Et pas besoin de vers libres : les mètres rares, les impairs inusités (l'heptasyllabe de l'aragonesque *La rose et le réséda*, l'hendécasyllabe ici de plusieurs sonnets) offrent maintes possibilités de faire *swinguer* la langue et de laisser au chat seul, *orgueil de la maison*, le privilège du ronronnement.

La poésie se diffuse sur les réseaux sociaux, disons pour le meilleur et pour le pire. Au moins devient-elle pratique sociale. Il arrive de la sorte que des poètes se rencontrent un peu plus finement, s'entre-lisent au-delà du like. Il arrive aussi qu'un poème sur Instagram en suscite un autre, dans un jeu de relance de l'écriture où prévaut, sinon l'immédiateté, du moins l'esprit de répartie – le réflexe d'un smash poétique.

Ainsi, le vers concluant « *Sujet – 7 février 2024* » (*Dormir en province est un sujet quand même !*) m'avait-il fait réagir par un sonnet en hexasyllabes,

« Dormir en province »

Oui dormir en province
Est un parfait sujet
Et aucunement mince
Il ne vaut le rejet

Dans les terres normandes
D'ailleurs dormait Flaubert
« Dormir ? J'en redemande
Fût-ce été ou hiver ! »

Par la suite la plume
Ne se consacre à rien
Enfin vétille ou rhume
N'est-ce pas l'art terrien

De voir apothéose
Dans le chiendent grandiose ?

Il entraîna à son tour une réponse dans le poème du jour suivant : *Aucunement mince*, où s'amplifiaient mes vers brefs. Ces ricochets poétiques sont le meilleur qui puisse s'obtenir de nos machines connectées.

8. Polissage et tourments mallarméens obligent, la rapidité et la prolixité sont presque des tares – en tout cas dans le petit monde corseté des poètes en langue française. Mais quel mal y a-t-il à écrire si on le peut et le doit ? Quel mal à être un improvisateur doué, même en sonnets ? Le 24 mars 2024, lors d'un concert de jazz du contrebassiste Emmanuel Thiry et de ses amis, le poète improvise pas moins de cinq poèmes ! Par là, il touche à l'essence même du jazz, cette maîtrise musicale qui s'échappe des partitions et devient liberté.

9. Essence et histoire aussi du sonnet. Les anciens n'avaient pas peur d'écrire et ne craignaient ni l'oubli ni les reproches de la postérité. Ainsi Jean-Baptiste Chassignet (1571-1635) qui, à vingt-quatre ans, avait déjà composé les 434 sonnets du *Mespris de la vie et* *consolation contre la mort* (1594).

10. Pierre Thiry est un poète quotidien, non du quotidien – si ce n'est allusivement. L'intimité dans son journal poétique est celle de l'écriture. *Beauté qui passe* est un art poétique qui prend l'écriture au sérieux sans se prendre au sérieux.

11. Un livre de poèmes n'est d'ailleurs pas un traité, ni un discours politique. La différence entre un poète et un politicien tient peut-être à cela : le poète cultive le paradoxe et la contradiction, mais lui, au moins, ne s'en cache pas ; au contraire, il s'en vante, au lecteur fait la leçon tout en disant : *Ce n'est pas une leçon ! Ce n'est qu'un poème ! Pense par toi-même et n'oublie pas de rire de temps à autre...*

12. Dans cet esprit – normand peut-être, ou d'impertinence provinciale, ou flaubertienne – Pierre Thiry fait deux propositions également contradictoires, et vraies, et fausses. La première (*Esthète – 29 janvier 2024*) *Je ne suis pas poète, absolument pas. […] Je ne suis pas poète, à peine un témoin* est évidemment démentie par tout le recueil, toute

13

l'œuvre, toute la vie d'écriture de l'auteur. Mais c'est une manière de ne pas la ramener – de ne pas nouer l'écharpe blanche sur le veston.

Plus tard, après avoir incité à se ranger à *l'à-peu-près* de la prose (*Pour écrire il suffit* – *13 avril 2024*) – on n'en croit rien –, il invite *pour construire un bon sonnet* à *li[re) les poèmes/ De Pierre Thiry*, même à les *médite[r] souvent* et à *fabrique[r] avec leur rythme un bon paravent* contre les *proses trop blêmes* (*Simple et modeste* – *21 avril 2024*). Le conseil est indiscutable. Pour écrire un bon sonnet, rien de bien sorcier, il faut *écri[re]... ... du Pierre Thiry...*
Les béjaunes en prennent de la graine : Pierre Thiry est un maître, c'est vrai, jusque dans l'humour et l'auto-ironie.

13. Le poème *Beauté qui passe* (*24 avril 2024*) célèbre l'endive. Auteur moi-même d'un poème intitulé (in lingua Belgica) *Chicon docu*, je souscris à cette verve légumière.

14. Chez Pierre Thiry, la passante *dessin[e]*

l'espoir par sa démarche (Passante – 20 avril 2024).
Beauté qui passe, donc – beauté qui reste.

Laurent Robert *, Wasmuël (Belgique),
le 21 juin 2024

*** Laurent Robert** est poète.
Il est l'auteur de plusieurs recueils, dont
Sonnets de la révolte ordinaire (Æthalidès, 2020),
Précis de survie (Maïa, 2022)
et
Sans morale (Éditions Toute Chose, 2023).

Dédicace

Pour toi qui passe et qui sait dessiner l'espoir
par ton rythme
À toi qui prendra le temps de lire
ces lignes pour entendre
saisir
voir
gravir
toucher
sentir
imaginer
choisir
aimer
je dédie ces sonnets

Beauté qui passe

sonnets
écrits par
par Pierre Thiry

Janvier 2024

Voyage
5 janvier 2024

Si tu trouves la phrase un peu longue et grise
Ne te tritures pas l'esprit dans les nœuds
Labyrinthiques d'un cerveau trop sérieux
Bondis vers l'horizon, sprinte dans la brise.

Ne perds pas ton temps, cours au bout de la ligne,
La lecture est un sport, un loisir d'instinct.
Tu t'y bronzes l'esprit qui fleurit le teint,
L'œil s'évade au loin des ennuis qui trépignent.

Prends le train de l'instant, valse au son rapide
De la lyre insolite au tournis limpide.
Un sourire t'attire au rayon philo.

Le nonchalant s'éclaire en ouvrant des livres.
Dans ce coin nul n'est jamais à court de vivres,
Car ce voyage ouvre à plus qu'un bibelot.

L'ardu pensable
6 janvier 2024

Le film labyrinthique au suspens que j'adore
S'amuse à klaxonner sur l'internet sans lieux
Où chacun puise aux preux logiciels point si vieux
En expert décousu face au ringard trop gore.

Sur l'écran qui scintille on voit l'image éclore
La flaque irrésistible aux miroirs mélodieux
D'un glacier surchauffé par du fossile odieux
Il s'écoule, il proteste, il fond, dégèle implore.

Se pourrait-il que l'art du pensable y ratisse
La serre et qu'un clavier virtuose investisse
Dans un durable accord sans gadgets à poubelles ?

Il faudra qu'un plan preste aille enfin refroidir
Ce cirque industriel aux fumées ribambelles
Des toupies à faux nez qu'un diesel fait vrombir.

Mauvais goût
7 janvier 2024

Les repas gras pressés font parfois des faux plis
Jusqu'au présent moderne aux lueurs de l'aurore.
C'est ainsi qu'un matin, s'amuse un brontosaure
Sur une autoroute à l'échangeur de Marly…

L'étrange Américain savoure sans permis
Les tons du macadam dans l'aube pâle encore.
À cet instant les camions ne sont pas pléthore,
Mais le monstre aux aguets voit surgir un semi…

La lueur du matin, basse et faible raffine
Des ombres allongées où son instinct devine
Que manger ce bahut pourrait valoir le coup.

Le brontosaure happe, prompt, le semi-remorque,
Mais son estomac décontenancé rétorque
Qu'il va mal vieillir car la fève a mauvais goût.

Lent ruisseau
8 janvier 2024

Il suffit parfois d'un raisonnement rapide
Pour s'échauffer l'esprit, quand refroidit l'hiver
La mémoire attrape au vol, sans en avoir l'air,
Une phrase qui plane imprécise et liquide.

Polymorphe, elle n'a pas le sens très solide,
Mais descend, flotte en brume, en floutant quelques vers
Qui surgissent imprécis, émotifs, ouverts.
Et ton regard ému, lâche sa larme humide.

En brûlant sur la joue en lent ruisseau précieux,
Elle expose un bijou dévalant sans essieux,
Elle orne et scintille en esthète différente.

Elle est source en son prisme, éclairant tout un tas
De rides tendres, belles et parfois marrantes…
Le Poétique n'est pas un quelconque État.

Air libre

9 janvier 2024

C'est vrai que l'abus de torpeur grammaticale
Frise au grillage absurde ébréchant l'univers
La mémoire est si brève en glissade et transfert…
Mais la rêveuse étonne et chante radicale.

Admirons la flâneuse environnementale,
Elle arbore un plaisir sur le joyeux revers
De sa vive liberté qui fuse à travers
Sa poésie à surprise expérimentale.

Elle a le pas qui pointe et le rythme audacieux
Tu sais le long voyage au brillant de ses yeux
Quand elle invite à rêver l'art multicolore.

N'attendons guère aux lois des moisissants détours.
Dans un filet le papillon se détériore,
Offrons-nous de l'air libre un envol est si court.

Inoubliable
10 janvier 2024

Rien n'égale un sonnet bricolé le matin
Tandis que le soleil à la lueur menue
Éclaire à peine une aurore hivernale émue.
Le café siffle dans sa machine en étain.

Dans le transistor vibre une chronique lue
Qui parle d'hier, conte, enjolive et dépeint
Des faits banals, dans l'ombre grésille un grille-pain.
La tranche est grillée ou alors j'ai la berlue.

Des odeurs nous réveillent et le poème élance
Son fastueux luxe il s'étale ou se balance,
Il reproduit la cuisson d'un œuf sur le plat.

C'est peu spectaculaire et c'est pourtant croyable.
La scène est sobre et réaliste et tout cela
Matérialise un romanesque inoubliable.

La Chimère et le Morse (Odobenus Rosmarus)
11 janvier 2024

Les mots trop savants perturbent les malappris.
Souvent le public chute au brusque obstacle illustre
Que l'allégorique offre au sourdingue un peu rustre.
Décoder le morse est clignotement sans prix.

Pourquoi est-ce aussi banal qu'une oreille amère
Qui s'imaginait chic, s'embourbe jusqu'au bout
Des multiples sens qu'elle entremêle sans goût ?
L'Odobenus est insolite à la Chimère.

L'Odobenus Rosmarus cligne des paupières.
Il dort dans son nord quand elle, insolite en pierres,
S'esquinte, en ruine à Rome, insolente au soleil.

Paressant faste elle ne met rien à la banque.
Elle est Chimère offre du rare au saltimbanque.
Le morse en rêve et s'énamoure en son sommeil.

Surplomb
14 janvier 2024

L'écriture immuable est un art méritoire
Qui voudra tenter l'exercice aura du temps
Devant lui pour populariser son printemps,
L'écriture idéale encre en rédhibitoire.

Sous le bulbe éclairé d'un lampadaire antique
Fascinant d'éclairage et prompt de jugement,
Valse en critique habile un outil justement,
Presque imaginaire, utilitaire esthétique.

Les couleurs qu'ignoraient la plume au temps d'avant
Sont tango d'une image au rebond captivant
Qui fuse en l'esprit du multimédia stoïque.

Que peut décrire un poète un jour de janvier
Qui ne soit pas un rêve au surplomb d'un clavier ?
Le manuscrit s'excuse acrobate héroïque.

Lundi
15 janvier 2024

Le monde est étrange à qui soudain le contemple
Avec l'idée qu'il serait excessif d'amour.
Est-ce un poncif, un ressort qui tangue à rebours ?
Il grince par passion : le lundi par exemple.

Dans la foule océanique urgente, un cœur semble
Bondir tantôt par ici, pas mal kangourou,
Feutré, sportif sur semelles de caoutchouc
Il a l'air d'un pantin se stresse et nous ressemble.

Ça grince utopique et le lundi n'est pas tendre
Et quand ça crisse, il y a dissonance, esclandre,
Car il en faut pour qu'un roman prompt se déroule.

Tout fuse au chic, des chocs d'un lundi sans tangente
Qui bondit fatal, d'un cirque aux fleurs séduisantes.
Ça frise aux frissons d'avoir la chair de poule.

Truc

16 janvier 2024

Soudain, l'engrenage imagine un truc moderne,
Très nouveau, jamais vu, tout neuf, mais impromptu :
Progrès rentable, industriel, mais très pointu.
Ils s'en vantent, goûtant leur endive au Sauternes.

Le mardi, tout le monde a le goût du symbole,
Mais la chose insolite encombre un peu l'esprit.
Si personne n'en sait rien, chacun parle, écrit
L'air affairé sérieux, nul bavard n'en rigole.

Comment parler de cette affaire où tout s'emmêle
À coups de moulinette et puis parfois de pelle ?
Tout gicle en tous les sens, en perspective humaine.

Car un jour faste est productif d'un choix puissant.
Nous en croquons la rime et parfois jusqu'au sang.
Nous saurons demain ce qu'un grain de sable amène.

30

Creuse

17 janvier 2024

Les déclinaisons étonnantes du sonnet
Offrent un labyrinthique où ne se prohibe
Point l'écriture humaniste au vent caraïbe,
Ou plus loin dans la jungle, à Paris au sommet

De la tour Eiffel. Tu peux en écrire au bout
Du rythme, ici peut-être ou là-bas dans l'éparse
Atmosphère indescriptible au cœur de la farce
Qui chute paraît-il d'on ne sait plus bien d'où.

L'ex drame dru hâte un bruyant choix susceptible,
Regonflant d'erreurs un dirigeable inaudible…
Ouvre au généreux l'huis du sonnet, c'est plus sage.

Si tu n'as rien à dire essaie d'imaginer
Leur caverneux jeu d'ombre, au lieu d'aller ramer
Pour sombrer de vertige en terraqués messages.

C'est tout

18 janvier 2024

Il neige, il fait froid, il gèle et puis ça glisse,
Le sol est dur, le vent nous glace et le ciel,
Il est tout gris, ferrailleur sans logiciel
Imaginatif plutôt flou… quel délice…

C'est un jour qui mord, mais il a tout pour plaire.
Il coûte cher en combustible et beaucoup
Pensent qu'il peut nous rapporter gros. C'est tout.
Rare il n'est produit qu'en un seul exemplaire.

Alors, dérapons-y : vu dans la coulisse
Il se cache, il craint qu'un acteur n'assourdisse
Son je ne sais quoi d'absurdité féroce.

L'hivernal joue avec son flux de grisaille,
Danse un cache-cache et rit vaille que vaille.
Il a blanchi neigeux, puis il fond véloce.

Débat

20 janvier 2024

L'art vif ardemment simple est art d'amant
Et faut-il ajouter qu'il est musique ?
Sois attentif au soupir amnésique,
Il est danger vertigineusement.

Gare au flou de mémoire il est écrou
Qui chute un peu ballot dans l'inconscience.
Il se dévisse en bruns de défiance,
Puis s'écroule en flambeur dans son frou-frou.

Par ses jeux d'opérette erre art même en
Accords très joyeux, ou larmes sans plan,
Car c'est un vieux clavier qui n'oublie pas…

Quand le poli flique un spectacle il faut
S'interroger courtois : d'où cette faux
Tire sa morsure au faix du débat ?

Anodin ?
21 janvier 2024

C'est assez difficile aussi d'avoir conscience
Que tout est très brumeux par manque de sommeil.
Vous ne me lirez pas, pas assez de soleil
Me direz-vous pour prendre en compte une nuance.

Si la blancheur est un rude effet de froideur,
Faut-il pour autant réchauffer tant de limpide ?
Vous ne me lirez pas, pas assez de liquide
Me direz-vous pour nous plonger dans la torpeur.

Mais c'est assez possible ici de prendre un temps
Pour attendre à la fraîche un prélude au printemps
Mais vous ne me lirez pas, dehors ça dégèle.

C'est peut-être anodin ces automates nobles
Qui grincent vers l'étrange engrenage aux ignobles…
Mais nous ? tournerons-nous la bonne manivelle ?

Discrètes toux

22 janvier 2024

Tu pourrais te taire au flux d'ironie
Tu t'esquinterais l'esprit plus ou moins
Propre à flamber tes vers devant témoins.
Il faut qu'un bon sonnet ne se renie…

Car c'est ainsi que l'on acquiert des lettres
En empoignant le jour comme un jouet
Pour brandir à l'aube un miroir fluet,
Pas des romans de neuf cents kilomètres…

Cent quinze mots étonnés que tu stresses
Que tu lances jongleur par jeux d'adresses
Ils finissent par s'amuser partout.

Flâneurs très rêveurs, profitant du nombre
Quatorze empilé pour jaillir de l'ombre,
Ils protestent de leurs discrètes toux.

Entendre

23 janvier 2024

Un humain qui lit en vaut quatre ou cinq ou mille
Et son jeu va de l'asymptote à l'infini.
Car un humain qui lit n'en a jamais fini,
Il est énergique, il n'a pas besoin de pile.

Il s'amuse à Perec plane outre au Baudelaire,
Il médite une virgule ou la suspension
Des points qui tournent leur vaste au champ d'émotion
Celui de la marge ou du blanc spectaculaire.

Et la grêle qui vit sur la grève qui lit
N'est pas du coton d'artifice enseveli,
C'est un humain qui vit qui écoute en poète.

Et la dame qui lit vit sans doute cent mille
Vies à suivre en poète à entendre en habile
Quand sa lèvre ouvre un rêve, il danse et vous y êtes.

Sourire
24 janvier 2024

Écoute ici comment le geste affable accueille.
Aujourd'hui je veux être un généreux massif,
Évitons les replis crispés de l'escogriffe,
Ne misanthropons plus en bascule à fauteuil.

Dans le temps, souviens-toi, nous parlions de mémoire.
Je sais c'était avant, ça fait bien plus qu'un bail.
Aujourd'hui la tendance est au brusque à tenaille,
Chacun s'embarrasse en vivant son roman noir…

Mais dans le ciel pour tous, là-haut brille un soleil.
On entend battre un vaste idéal qui sommeille,
Loin du spectacle obscur des marchands de bonheur.

Ils sont très démodés les vieux duels du Cid,
Fuyons ce jeu pingre ouvrons un regard lucide.
Être un hôte au sourire ouvre à l'infini l'heure.

Silence
25 janvier 2024

Est-il encore audible aujourd'hui ce silence
Où l'on perçoit le souffle étalé jusqu'au rien
Du faste informatif où l'on saisit combien
L'engrenage en grinçant, chauffe un chût qui balance ?

La machine est informe, en monceaux de ferraille
C'est clair, c'est très obscur, demain que saurons-nous ?
Que nous dira la ruine avec ses faux remous
D'océan de métal abruti sans muraille ?

Quand viendra cette enquête objective impartiale
Sans ce timbre où vrombit la distance banale
Qui sait faire avaler son image impossible ?

A-t-il vraiment du flair, ce mutisme effronté
Qui laisse affluer l'encre en imitant le thé
Mais ne sait que dire au sujet du combustible ?

Plus loin
27 janvier 2024

Le rêveur délibéré est aiguillé
Plus loin que l'angle des murs de sa demeure.
Le littéraire est l'art attentif à l'heure
À laquelle il s'ouvre au sens plus déployé.

Ce ne serait qu'un pauvre ennui sans méthode,
Le geste affecté sans adresse, où s'endort
Le style antique enquiquiné sur les bords
De ne plus être à l'oreille encore un code.

L'encrage est un sport au naufrage abrupt si
Le sens du mot bascule en ramassis
D'un langage unique adapté sans audace.

L'écriture ouvre au soi sentant le signe,
Hors l'angle droit d'où l'étroit rouille et trépigne.
Le flâneur éclairé danse et se déplace.

Grâce ?
28 janvier 2024

Tout va si vite aujourd'hui que l'on envisage
D'armer le travail pour éviter le reflux
Des loisirs alanguis qui ont beaucoup trop plu.
C'est du simple bon sens, n'y vois pas un présage.

Souviens-toi du temps qui passe et de l'Allemagne,
De ses philosophies aux écueils drus rétro,
De ces événements que l'on n'aime pas trop
Tandis que l'inclu vogue en coupes de Champagne.

Hélas, le vingtième avait la piètre élégance
D'époque un peu technique où l'on s'épuise et danse.
Mais ils ont joué guerre, inconscience et mal être.

Du vieux rêve où vit le poème en son essence
N'allons pas jusqu'aux chics ricanements d'aisance
Où ne suffiront pas la grâce et le paraître.

Esthète
29 janvier 2024

Je ne suis pas poète, absolument pas.
J'écris des sonnets pour voir comment ça marche,
C'est un fleuve impair, sinueux sous une arche,
Lento ma non troppo comme en Mazurkas.

Il s'enfle, irise un rythme, il s'écoule en douce,
Avec le tempo d'un paysage au bout,
Et vers la rive un reflet danse ample au goût
Il murmure et plane, un léger vent le pousse.

C'est un tableau d'hier, paraît-il commun,
Décalé d'un jour, il le sera demain.
Un air y balance amusé plus ou moins.

Je ne suis pas poète à peine un témoin.
J'écoute un piano, mais n'y comprenant rien,
J'admire en esthète un rythme, il est le tien.

Ce truc
30 janvier 2024

Le mime àpeuprèziste est un mouvement
Littéraire, il est tout neuf, de ce jour même
Il durera ce sonnet, pour que tu l'aimes,
Pour que tu sois poétique bravement.

Pas faussement poète avec des tics ivres,
Car le mime àpeuprèziste est un amour
Du geste accompagnant ce truc jamais lourd
Duquel tu peux tirer vite bien des livres.

De poésie évidemment pas des best-
Sellers avec de la prose à peine en zeste
Qui n'ont qu'un goût de pâle sirop…

Avec le mime àpeuprèziste on ausculte,
On palpe, on prend le pouls on s'embrasse, on sculpte.
On est dans le réel, pas dans le métro.

Sans filet

31 janvier 2024

À quoi ça sert d'écrire un sonnet perdu ?
Peut-être est-ce un peu pour que tu le retrouves,
La tour est haute et profondes sont les douves
Ce beau labyrinthe est un vestige ardu.

À quoi ça sert d'imiter ce bruit d'horloge ?
Peut-être est-ce un peu pour que son chic banal
Ne soit pas qu'un char pour le trot d'un cheval,
Mais que s'étale au cadran ce temps d'éloge ?

Pourquoi la grive interrompt-elle son chant ?
Peut-être est-ce à cause d'un reflet d'argent
Qui brille en miroir, la rime alors s'envole…

Pourquoi tu découds du cousu pour écrire
Sans filet ? C'est pour occuper ton sourire
Quand mon sonnet file hors du cadre frivole.

Février 2024

Prisme

1er février 2024

Ainsi va le flâneur, sans laisser de trace
Comme un sourire après s'être déployé
Ne t'attends pas au pire avant d'essuyer
Les vestiges de ta comique grimace.

Quand le chant de l'oiseau court à l'air plus vif
Il s'éteint sans flamber du gros vrac rentable,
Il hasarde un concert, puis file équitable,
Sans lourd patrimoine et sans luxe abrasif.

Plus loin le flâneur court sans laisser de trace.
Il admire étonné la brise, et l'embrasse,
Ce qui durera ne sera pas comptable.

Il respire en flâneur ton geste éphémère.
Ta danse y transporte un prisme de lumière,
Mais n'est pas de marbre, elle en est incapable.

Aurore

2 février 2024

Documentons le futur, c’est le moment.
Le présent fuit si vite au brame imbécile
De ce réveil matinal qui lustre et file
Un rêve estourbi, solennel. Carrément.

Informons l’avenir qui pourrait, sauvage,
Ignorer cet instant, mépriser ce ton
Que prend l’aiguille au chant tordu du laiton
Pour labourer un gramophone hors d’usage.

Archivons le futur, goûtons cet instinct
Qui collectionne, étiquette, éclaire, éteint,
Émerveille un hasard, bricole un bidule.

Mais surtout, ne méconnaissons pas ce rôle.
Le ringard abruti se froisse en vain drôle
S’il griffe abrupt ce que l’aurore articule.

Émerveillement
3 février 2024

Fait-il clair, fait-il nuit ? Le jour, le soleil
Sont quelque part et la lune joue aux dés,
Dé à flouter, dé démonté, déridés…
Fait-il tendre ou tristesse, amour ou sommeil ?

Il fait joueur… ce masque ému se déguise,
Il rythme un rébus, hasarde un horizon.
Il forge un langage, un essai de raison
Et le regard s'éclaire, éblouit, dégrise.

Ce trait va délectable envol de parlure.
Survient l'excès chic, un champ libre à l'allure
De soin fructueux, pétillant généreux.

Fait-il sens, fait-il sombre, au choix qui s'éveille ?
Sous la figure, il se trouve un émerveille-
Ment heurts de sens qui sourit vertigineux.

Castes

4 février 2024

Les rêveurs plus outre ont l'esprit d'escalier,
Leur chandelle explore les brumes rugueuses
Ils sidèrent l'hydre aux hargnes belliqueuses.
Le cœur en chamade évite d'épargner…

Même un hendécasyllabe n'est pas neutre.
Quand il s'imbibe au poétique, il répand
Sa promesse, éclairant l'orbe à chenapans
L'aigreur s'y ratatine aux couleurs du pleutre.

Je préfère un printemps déployé pour lire
À l'air libre esquivant l'ordre aux tirelires
Que l'on bloque au trouillard verrou qui dévaste.

Chaque mot qui s'envole offre un risque, engage.
Escaladons plus haut l'attentif langage,
Il déverrouille en déconstruisant vos castes.

Improvisateur

5 février 2024

L'épique esprit du lundi fuse et frissonne
Quand le public sérieux travaille et s'éprend
Du rythme épatant qui rebondit d'un cran
Jusqu'au nécessaire, à l'urgent qui résonne.

Les couloirs du métro happent les flâneurs
Dans leurs mouvements, tourbillons de jonglage
D'esquive ou de souplesse, un furieux voyage
Annonce un spectacle insolite en couleurs

L'épique est un soir qui défile et balance
Son coût plutôt banal, mais non sans nuisance
Le ticket de métro vise au prosaïque.

Car l'amour du lundi flambe un légendaire
Poétique, il brille et vibre, abécédaire
D'improvisateur cinématographique.

Iconique
6 février 2024

Si la stupéfaction musicologique
Peut naître aiguisée aux flancs du découpé.
Le mélomane ému balance, écopé
Par la citation refuge aux traits comiques.

Si ton capital culturel vagabonde,
N'omets pas d'écouter ce flux vague élu
D'un suffrage étourdi, parfois trop moulu.
S'il est mitonné, son air subsume un monde…

Quand la citation frise un tropologique,
Ton attentive écoute anthropologique
Ouvre un portail baroque : un trompe-l'œil vif.

Mais quand s'élance un fruit d'humour ironique,
Il s'y raffine une figure iconique
Où s'amuse un spectacle aux sûrs hiéroglyphes.

Sujet
7 février 2023

Le paysage aimable y dort un peu mièvre
Mais s'accommode au cadre et roule un décor.
Pour embrasser l'aventure à bras le corps,
Il paraît qu'y flotte un parfum de genièvre.

C'est d'un goût démodé, mais nous en étions
Plutôt satisfait, car c'est beau la province.
La beauté n'est pas une essence si mince
Elle invite ambitieuse, exige un champion.

Il ne s'y passe rien dans ce paysage
Feuillu, sans grâce, isolé, mais sans usage,
Il pourrait servir, déconstruire un poème.

Quand s'éteint l'action, surgit le temps du rêve,
L'heure où la sieste est intense et pas si brève…
Dormir en province est un sujet quand même !

Aucunement mince

8 février 2024[1]

Oui, mais dorloter Mirabelle en province
Est un aussi superbe objet regonflé
Et son prix (aucunement mince) est raflé…
Il coûte et ne vaudrait qu'un rejet l'évince…

Dans les pas des vaches des terres normandes
D'ailleurs plus d'un dormait, admirant Flaubert
Dorloter mirobolant… J'en redemande, er-
Gotait-il (futile est ce thé vert amande).

Par la suite (un Shakspeare y perdrait sa plume)
Ne servant pas ce qui ne consacre à rien
Enfin vétilleux il s'extirpa d'un rhume.
N'est-ce qu'un passage à l'artiste terrien ?

Demain, courons voir d'Hamlet l'apothéose.
Dantesque, il hale une chienne aux dents grandioses.

---

1 Sonnet écrit en vers amplifiés à partir d'un sonnet
   publié par Laurent Robert sur Instagram

Lecture
9 février 2024

Est-ce un geste, est-ce un signe, un souple symbole ?
Faut-il comprendre, entendre, écouter ce bruit ?
L'amour aurait fui, démonté, tout détruit.
Un sourire en coin, puis soudain tu rigoles.

Cette image est fourbue, elle a tant servi,
Pourtant vers le soir, elle ouvre originale
Une cascade d'idées, rebonds de balles,
Qui font jaillir et resurgir du ravi…

Malgré les jugements secs, prêts à goûter,
De la morale en vrac à l'heure du thé,
Au dîner, elle a changé, le lit attend.

Le lit prétend naviguer, bercer, surprendre.
Car la lecture a ce lent parfum de tendre,
Au geste qui suspend, lorsqu'un rêve attend.

Harmonique
10 février 2024

Soudain, nous ne pouvions plus nous éclairer.
La structure était labyrinthique et faste
C'était un espace intense, un pré de castes.
Mais pour nous ça ne voulait rien dire un pré.

Donc, nous écoutions l'univers harmonique
Qui résonnait aux replis du mouvement
Traits d'écritures nimbées ou carrément
Impressionnistes, mais paraît-il toniques.

Parfois nous ne pouvions pas nous empêcher
D'imaginer le pire en essais gâchés,
Car nos auditeurs comptaient tout en dollars.

Ce n'était pas qu'un spectacle, un spécialiste
A prétendu que c'était un sport cubiste,
Ce n'était qu'impromptu, mais c'était de l'art.

Perspective
11 février 2024

Baroque et flou s'ouvre un fond de décor ivre
Quelques façades en perspective, un heurt
De souvenirs de voyage et de bonheurs,
Transatlantiques écarts, berceuse à vivre.

Le narratif y trouve un excès d'action :
Déboulonner les poncifs pour déconstruire
Tant d'épisodes si crus qu'il faut les cuire
Afin d'écouter ce roman sans option…

Un passage ouvre un spectacle où s'arrime
Sa valse un peu bancale, un cirque s'y danse
Un prolongé ferroviaire au rythme en prime.

C'est un détour surprise, il découvre un monde.
Un relief trace un silence, un creux d'absence
Qui s'articule aux concerts où l'ample abonde.

Prélude
12 février 2024

Cours plus vite ! un lundi s'esquisse en trois coups,
À coups de boulot, de retard, de pas d'heure…
Ce jour bref, il ne compte pas pour du beurre,
C'est un prélude à risque harmonique et tout…

Tout un bazar de trucs pour crisper l'urgence,
Les réseaux sots si hauts à désamorcer,
L'engrenage à risque et ses crans renforcés
Et son clapet d'artificielle indigence…

Plus grand qu'un esquif étroit c'est un lundi
Vaste, il y tourbillonne plus qu'un radis.
Du rentable intense, éclusé, bricolé.

C'est paradisiaque un début de semaine
C'est bon pour la santé, ça pulse et ça ramène
Sa fraise à rimer son cric à clac'sonné…

Espiègle

13 février 2024

Pourtant cette histoire est encore un peu neuve
Elle a surgi du brouillard d'un calepin
Rapide espiègle avant la Saint-Valentin
Juste avant qu'un soleil s'esquive et qu'il pleuve.

C'était au temps du nuage éparpillé,
Joyau déchiré d'un kaléidoscope,
Inventif de couleurs avant qu'il n'écope
Du manteau gris d'un hasardeux cavalier.

Pourtant ta figure est toujours aussi vive
Au regard intense attentif sur la rive
Qui cultive en rêvant les reflets du fleuve.

Tu cours chaleureuse au cœur du souvenir
Comme un geste esquif sur des flots d'avenir
Avant que l'amour ne se grise et qu'il pleuve.

Solastalgique
14 février 2024

Le solastalgique enchifrené proteste
Contre tous ces embouteillageurs ronflants
Vénérant l'art des tacots époustouflants
Remplis d'un pétrole embrumé peu modeste.

L'enclume à roues est-elle encore à la mode ?
Cet engin tourneboule, affole et ses coûts
Superlatifs souffrent d'humour fourre-tout :
La batterie émeut puis rouille aux cathodes,

Les pistons vous grippent les amortisseurs,
L'enjoliveur frotte et grince, avertisseur.
Le moteur déboulonne l'écrou qui reste.

Le véhicule à la fin n'est plus qu'un tas
d'écosystème au carnaval flagada
Au taquet pour nos Saint Valentin agrestes.

Critique
15 février 2024

On peut toujours parler d'un livre il suffit
D'effleurer l'estocade en survol épique
Ou vétilleux tout démonter très critique
En thèse antithèse aux calembours précis.

La critique est humoriste où son art flotte,
Surfe outre vogue au goût du jour déclinant,
En cabriole elle ouvre aux sens parfois lents,
Ébruitant son brouillon torrentiel, sans notes.

La critique est libre et raconte à peu près
N'importe quoi, mais échafaude à gros traits
Son hypothèse insolite et conséquente.

La critique amuse en astiquant les cuivres
Claironne un trait vif, trépignant de poursuivre
Le risque original d'un vertige en pente…

Prononçable

16 février 2024

Crapahute un peu plus loin enquête et creuse
Une histoire un peu fortuite à vil bandit
Sois archéologue au choix qui rebondit
D'avoir su nommer l'image aventureuse.

Ce sera ténébreux jusqu'à ce qu'éclate
Une vérité paradoxale aussi
Éblouissante qu'un baroque épaissi
Par du tartignole enflé de fable plate.

Mais si le sens ouvre un terme au drame opaque
Ce qui s'y trouvera sera plus qu'Ithaque,
Une équation vaste, un persistant problème.

Ce sera mathématique et prononçable
Dans un langage ample ému marchand d'affable
Polysémique issu du fond d'un jour blême.

Tiroir

17 février 2024

Ce vieux tiroir est un poète affamé.
Il rythme un bizarre alphabet vif qui chante
L'original silence entendu qu'il gante
En tissus (de ratures d'encre) embrumés.

C'est cela le fruit du texte, un urgent bref
Qui se dresse en voûte aux piliers de chêne,
Avec ombres sculptées ; il rythme et déchaîne
Une fresque étonnante offrant ses reliefs.

Effleure ici le grain de leur sens épique,
Ravaude un peu ton rêve au temps chromatique,
Le silence est un bruit qui se timbre en foire.

Esthétique est ce désordre au jeu fortuit,
Dans ta mémoire un reflet généreux cuit
Mais son émail n'est pas musique illusoire.

Plus loin
18 février 2024

Tous ces sens du mot facétieux nous entraînent
À nous risquer en surplomb plus loin qu'un point
Final… c'est long d'extraire un sens de ce coin
D'ombrage où l'écrit flotte avant qu'il surprenne.

Face est-ce yeux tournés vers le spectaculaire
Essai de parler plus vital et fougueux ?
Le rythme est au cœur de ces sens brouillardeux
D'abord… joueurs ensuite en jeux de lumière.

Il y a de l'espiègle et du trait joyeux
La blancheur d'un sourire et ton merveilleux
Quand le roman chante ému, plein de surprise.

Avec sa promesse en fruits de cache-cache,
Son sens ne se tranche pas à coups de hache,
Il respire, il voyage en tournant sa brise…

Un bruit s'y froisse

19 février 2023

Tu cours au bout du jour et le soir t'échappe
Il s'en va très discret comme un trait d'ennui,
Un instant fugace un rien qui devient nuit.
Il va, fuyard qui brasse un jour et le happe.

D'où vient le soir, où va-t-il en février ?
Il paraît qu'il rétrécit, mais il bombarde
Une averse au jeu cinglant de hallebarde
Qui chute en virtuose hâtive à briller.

Tu cours après le soir, mais las il s'absente
En cascade, il s'abandonne à sa pente
Il s'essaie au blafard difficile à peindre.

Tu cours après ton rêve aux mots qui s'entassent
En histoire un peu rouillée, un bruit s'y froisse,
Le jour grince et la nuit s'amuse à l'éteindre.

Silence
20 février 2024

Tous ces mots qui bouleversent qui dérapent
Crissent plus outre à la paix d'un doux regard,
Tous ces discours gris brutaux, zincs sous hangar
Sont d'un métal glauque et vous crispent la grappe.

Tous ces échos d'explosifs qui pétaradent,
Sont d'un rétif grièche écorchant sans art.
Ils font monter la fièvre arrimée au bar.
Un souterrain qui croule est pauvre en parade.

Tous ces gestes trop prompts qui tranchent sans grâce
N'ont qu'un effet glaçant qui s'ancre à l'angoisse.
L'humain ne peut fuir discret comme un lézard.

Que montre un sourire où la torpeur se fige ?
Un écho du souffle que le cœur exige ?
Son geste en silence étourdit les bavards.

Simplement
21 février 2024

Ils seront sans doute incommodés par ce
Sonnet, tant pis pour eux, je l'écris quand même.
Il se peut que tu me dises que tu l'aimes
Et que ses défauts ne nuisent pas, ils se

Distinguent du parfait prosaïsme en somme.
Car ton œil rapide est sincère et puissant,
Mais détaché du discours ample et rasant,
Hypocrite, où le courtisanesque assomme.

Mon sonnet d'aujourd'hui ne dit rien du tout.
Il prétend juste être écrit à moindre coût.
Mais t'invite à suspendre ton jugement.

Tu pourras le lire avec un regard neutre
Qui ne se couvre pas d'un chapeau de pleutre,
Mais qui ruisselle aux jours pluvieux, simplement.

Évanescente

22 février 2024

La tempête oubliait de calculer sa
Force esthétique elle étirait les nuages
Sans souci du décor ni des personnages
Par sa transparente audace à risquer ça.

Ça ? son flou stratagème à démonter l'art
Un peu fatigué de l'administrative
Assurance à l'élégance relative.
La tempête échevelait maints pantouflards.

D'un souffle elle esbaudissait l'obsolescence
De quelques toitures de la Renaissance.
Elle en faisait frémir et bondir les tuiles.

Elle était jongleuse, artiste sans orchestre,
Mais nul ne pouvait la mettre sous séquestre.
Libre, elle allait évanescente et subtile.

L'effet d'hiver

26 février 2024

Ne jugez pas en deux minutes ces mots
Que j'ai mis plus de deux jours à vous écrire,
Un jour de plus, leur sens pourrait se réduire.
Pour finir ce quatrain, larguons le chromo.

Je sais bien que ce n'est plus de très bon goût
Aujourd'hui l'art calendrier se démode
Le conceptuel cubiste est plus commode
Pour être exposé au Centre Pompidou.

Je vois déjà naître une ample polémique
Chez les défenseurs du réel sans entrave :
C'est flou nous voulons du net pachydermique !

Mon tableau s'enchevêtre un peu trop ouvert
Et vous n'avez rien compris ? Ce n'est pas grave,
Le grand public révère l'effet d'hiver.

Indocile
27 février 2024

Conclure ici que ce n'est pas mon domaine
Serait aller vite en besogne et pourquoi
Pas après tout ne pas s'étonner des cois ?
Se taire il faut bien entendre où ça les mène.

Car c'est certain, février ne durera
Pas plus de vingt-neuf jours en l'an bissextile,
Chacun le constate en touchant le textile
Poétique, un jour mars pressé brillera.

Briller s'écoute ici fort métaphorique
Car s'il éblouit sans arrêt pléthorique
Le temps n'est pas un lourd omnibus, il file.

Bien sûr tu pourrais n'en rien avoir à dire,
Pourtant le samba s'évertue à traduire
L'effort en rebelle au sourire indocile.

Vaste
28 février 2024

Est-ce aussi simple à fournir un sonnet vaste ?
Il me faudra tout y mettre en tassant bien
Le monde et l'univers, sans compter combien
De tableaux traduiront son absurde en faste.

Et je pourrais le nourrir d'air et de rêve
Afin qu'il s'enflamme en théâtre éloquent
Qui parlerait surtout de toi, tu sais quand
Tu m'as étonné de ta phrase fort brève.

Elle était si libre, inattendue et belle
Que même un profond poète un jour sans grêle
N'oserait la mettre à l'ombre sans vertige.

Ce sont toujours ces huit mots que tu fais vivre
Quand mon cœur s'emballe et se risque à poursuivre :
Ce sonnet ne pourra pas finir, tu piges ?

Balance
29 février 2024

Ce qui le jour ne court pas, la nuit s'invente
Il suffit d'un long silence exagéré
Pour que naisse aussitôt le rythme inspiré
Qui se dessine en perspective savante

L'eau transparente en murmurant file aussi
Sa cadence en rivière quasi parfaite
Comme il fait nuit tout est obscur, mais la fête
Calcule une électricité sans souci.

Des danseurs trop bourgeois croient être Apollon
Leur mythologique envahit le salon
Vénus les froisse en jazzifiant sa romance.

Pour swinguer Mingus est-elle au bon endroit ?
Elle exige en plus un chaud be-bop adroit.
Dans son micro démodé sa voix balance…

Mars 2024

Cultures
3 mars 2024

Veut-il par-dessus le marché des excuses
Simplement parce qu'un choc brusque un retard
Quand tous nos rugueux seraient près du départ
Où tremble une raison borgne d'être obtuse ?

Il faudrait peut-être aussi rajouter du
Rhétorique habillé de rigueur splendide
Avec un effort balancé très languide,
Ce serait saturé d'un goût d'ennui bu.

Alors j'écris, c'est tout, j'encre pour entendre
Le rythme de ton cœur, ton regard si tendre,
Ta question fabuleuse et ton art d'en rire.

Tu lis pour ne pas oublier nos cultures,
Nos bonheurs de mots cascadant sans coutures.
J'écoute et j'attends l'espoir qui vient s'écrire.

Planète

5 mars 2024

Plusieurs conclusions indécises s'ajoutent
En flottant non sans un effet de regain
D'intelligence aux reflets d'un ciel radin.
Cela sonne en creux sous la rime en déroute.

Dès la source, il paraît que l'eau devient loupe
Au photographe affirmé, chiffrant son grain.
En révélant son poème, il offre un frein
À ce monde embarrassé par l'entourloupe.

C'est pourquoi je remplis de stances ma gourde,
Elles gonflent dans une encre parfois lourde
D'avoir voulu calculer l'absurde immense.

Tant pis si leur goût tintinnabule en doute
Ombrageux, sans briller, nul n'y verra goutte.
C'est toujours ainsi quand la planète y danse.

Échos
6 mars 2024

Le bus roule un peu comme une ivre atmosphère
Et pourtant j'écoute et je rêve en couleurs,
Reflets d'un ciel aux dégrisés dérouleurs,
Les passagers sont peu bavards, dans leurs sphères.

C'est beau la ville en échos de poésie
Le bruit roule en musical orchestre et va
Jusqu'au bout, tisser son fil au canevas
Du trottoir qui file en tapis sans magie.

L'esprit navigue au gré d'un rien qui s'étonne
Que ce fruit glisse au creux de la langue et donne
Du relief à l'instant qui grince et caresse

Un espoir que demain soit plus poétique,
Et pourquoi pas après tout ? c'est sympathique.
Mais où vont leurs regards perdus sans adresse ?

Ulysse

7 mars 2024

La rugosité du terrain racle un peu.
Un arbre est décrété planche à balançoire.
Tout est gris très boueux, ce n'est pas la foire
C'est l'Europe au printemps dans son rêve en creux.

Le héros heurte, il est rapide, attentif.
Il agit sur le terrain souple efficace.
Il couvre une frontière au bout d'une impasse,
Se risque, invisible en Ulysse intuitif.

Son passage entrecoupe un jet de lumière,
Mais cela ne supprimera pas l'ornière
Où l'antique aéronef plonge et s'embourbe.

La plasticité du refrain masque un style
Furtif hier, souple aujourd'hui, sans l'art ductile
D'un tintement d'ombre outrepassant sa courbe.

Nausicaa

8 mars 2024

Il paraît qu'aujourd'hui serait ta journée.
Alors j'écris ce poème, il est pour toi,
Tu pourras le lire en comptant sur tes doigts
Tu verras que sa prosodie est soignée.

J'y fais briller ces deux bibelots de bronze
Qui sourient sur notre commode avec tact
Quoiqu'ils soient sans goût tu sais que leur contact
Ouvre aux vers de style admirable sur onze

Pieds : cet aristocratique algèbre épique,
Fier d'un harmonique esprit d'horloge antique.
Tu vois, aujourd'hui j'y mets les grands moyens.

Un jour, tu liras cette aubade et les autres.
Et tu sauras que ces souvenirs, les nôtres,
Sont merveilleux et littéraires… Pas moins.

Danse

9 mars 2024

Ce que veut le public, c'est un peu d'espace
Quand tous ses trucs s'occupent à démolir
Le peu de clarté qu'offre une ombre aux loisirs.
Il faut dans cet obscur un éclair qui passe.

Alors j'ai allumé mes vers pour qu'ils flambent
Qu'ils signalent des reliefs à ton regard,
Car c'est un étrange endroit que ce hangar
Où s'exprime une danse en concert de jambes.

Si ce poème au bout de sa ligne est paille
Il t'aura fait jaillir, avant qu'il s'écaille
Sa flamme insolite éblouissante et vive

Cherchant à te dire à toi que si tu prends
Le temps de rêver plus outre que l'écran,
Tu verras l'Espagne où mon château dérive.

Style à tendre
10 mars 2024

La fleur se tourne un film, offre en scintillante,
Ouvre à l'abeille un loisir, lance un parfum,
Offre à l'oreille un silence, un choix sans fin,
Question sans réponse, inquiète et chatoyante.

Son histoire est sans chute émotive à pendre.
Son texte est un sprint, un pétale y rêva
Vers l'espiègle attentif aux vains canevas.
Car sa catastrophe est d'être un style à tendre.

Elle est actrice un peu plus que romancière,
Mais elle écrit plus légère aux lettres fières,
Car sa couleur se timbre ; un fragile y pense.

Si tu plonges jusqu'au flux de son cœur libre,
Tu verras qu'un aimable intenable y vibre.
Elle est scénariste à douce audace, intense.

Un poème exige
11 mars 2024

Pardon, je suis désolé… mais ça déraille
Un peu beaucoup, beaucoup plus qu'un petit peu.
C'est téléphoné leur désuet quinteux
Qui s'empoisonne aux reflux d'âpre mitraille.

Pardon, mais cultivons plus haut l'élégant
Façonnons l'argument souple où se raffine
Le choix d'un sourire aux annonces plus fines.
L'estime implique aussi de prendre des gants.

Pardon de te l'écrire, il faut que tu lises
Humaniste et qu'aucun choc mesquin n'enlise
Plus la voix qui trébuche aux crocs des consonnes.

Pardon de te le dire, un poème exige
De l'hospitalité — pardon — sans vertige
Face au trop antique entre-soi qui klaxonne.

Jazz
12 Mars 2024

Il y a dans ton langage un train d'images
Qui pulse, insaisissable flux de parfum,
Pour fleurir sa magie et jusqu'à la fin
Ta musique y virevolte, un rêve y nage.

Quand tu swingues ta contrebasse est labile
Entraîne au long voyage, elle embarque et court,
Feuillète un paysage et son cœur bat pour
De vocaliques détours au rythme agile.

Ton jazz est virtuose, articule un risque,
Dépasse, emporte et nul besoin d'astérisque
En bas de page, il est note ou vive étoile.

Il ouvre à la nuance esthète et magique.
Il charpente et brille en boîte à jeu logique,
Écrin de musique inventive et mondiale.

Brise

13 mars 2024

Ce bruit poétique est une offre divine
Prétend la critique ajoutant que jamais
Elle n'a déniché de si beaux vers, mais
Chacun sait combien ce calcul se débine.

Le public peut ne pas se laisser séduire.
Il n'est pas dupe et la poésie demain
Appréciera moins ce brouhaha gredin
Du critique imbibé d'ivresse d'instruire.

Aujourd'hui le démodé se pèse au juste
Poids d'un académique portrait en buste.
Le public sait distinguer l'âme rebelle.

Il veut recevoir la brise qu'il devine
Au goût d'elle hors-champ sous sa natte imagine
Qu'en humant son haleine il flotte avec elle.

Mauvaise grâce
14 mars 2024

Quand la grâce est mauvaise elle aigrit la rime
Elle ancre à ce je ne sais quoi grimaçant
Qui plante un orchestre au frein-moteur grinçant.
Il tourne en cycle : un calculateur l'exprime.

C'est la preuve offerte en clip qu'un trop plein d'aises
Sur ce mécanisme accroche une évidence :
Quand la la chute est rentable elle est hélas dense
De ce ton qui sature un cirque à fadaises.

Qu'est-ce d'autre une poésie à tes yeux ?
Point de fade aise un rythme, un pas séditieux,
Rythmant les cœurs que les rues offrent et pèsent.

Mais cet indicible effort dérape grâce
Aux ardeurs qui insupportent, mais nous plaisent
Si la brume empile un frac non sans disgrâce.

Le charme
15 mars 2024

Ce n'est pas certain qu'il soit partout le charme
Car il est chez toi, dans ton art singulier,
Dans ton rythme ou dans ta façon d'habiller
Ton corps, le tien, sans ortho-futile alarme.

Original simple, il n'est qu'à toi ce style
Souple il est chez toi, dans ton langage épris,
D'un style inventeur de métaphore à bris
Sans froid commun, ton intense est plus utile.

Tu entraînes, ménages l'espace aux mots
Sortis de leur cachette aux flux d'hors canaux
Néologismes si prestes qu'ils s'écoulent

Torrentiels inventifs traducteurs d'audace,
Charpentés sur d'insolites contrebasses…
Le charme, il est aux sources d'où ton chant coule.

Le chat
16 mars 2024

L'hendécasyllabe est un rythme animal.
Observez bien vos chats, le mien me le dicte
Chaque jour, il s'endort en prosodie stricte,
Il ronronne et ronfle un impair peu banal.

L'hendécasyllabe est un rythme qui swingue
Qui fascine au hit-parade des félins.
Mon chat cadence un trait net de clavecin,
Il rime en virtuose, il sommeille et swingue.

Pourtant ce verbe rime avec très peu d'autres
Noms communs, si bien que maints rimeurs s'y vautrent
Mais pas mon chat, l'animal est parolier.

Oui, regardez ce virtuose : il écoute
Les bruits du monde en magnifiant l'art du doute,
Comme un philanthrope à l'esprit d'escalier.

L'écriture…
17 mars 2024

L'écriture est un risque aux heurts du temps preste.
Il faudra bien s'y faire elle est un vieil art,
Un rusé lettrage, un ridé de vieillard.
L'encrier sait bien qu'il n'est qu'en creux ce reste.

L'écriture est juste un sourire au lecteur.
C'est un geste offert à tes yeux attentifs.
Ce n'est pas couper quatre strophes de tifs,
C'est un fruit sauvage, un flou de traducteur.

L'écriture est paresse aux yeux de Montaigne.
L'écriture est jonglage au sportif qui peigne
sa girafe en polygraphe, elle est cadence.

L'écriture est silence aux bruits du bureau,
Sa figure aspire utopique au zéro
faute ; elle attend ta voix pour ouvrir sa danse.

Courbe
18 mars 2024

Faut-il cultiver le goût de la courbette
Pour qu'un poème augmente son insertion
Tout en haut du bon cercle encré d'impressions ?
Faut-il être encerclé pour être un poète ?

Onctueusement, recroqueviller l'art
En coups d'échecs arrondit-il l'habitude
De se courber vers le roi qui sent l'étude ?
Faut-il rhétoricien, palper des dollars ?

Quand le roi dans sa tour s'impose trop raide,
Il faut roquer sur l'échiquier, l'intermède
Balance une danse au rebondissant charme.

Le roi mat voit la dame et pris de tournis
Plein d'amour, se courbe et surfe outre au déni.
Leur spirale enchante, allège et nous désarme.

Faveur

19 mars 2024

Accueillez ma faveur elle est luxueuse
Fait-elle ouvrant de grands yeux, non sans mimer
Le reflet des couleurs d'un ciel étonné
Qu'elle souligne en souriant merveilleuse.

Que dire et que faire ? effacer ma chanson ?
Ou brandir le hasard d'un jour favorable ?
Je me suis risqué dans sa phrase admirable,
J'y suis encore alors montez plus le son.

Soudain, j'ai surpris les lueurs balançoires,
Du théâtre étonnant de ses feux d'histoires,
Machinés dans ses mots neufs mais fastueux.

Comprenez-vous cet avenir velouté ?
C'est plus grand qu'un chic banal sucrant son thé,
La faveur d'un brillant regard somptueux.

Art
20 mars 2024

Faut-il imiter ce goût vain qui suggère
Sa flaque où le fait divers tremble en reflet ?
Un jour d'averse un roman s'y dégonflait,
Sous des flèches sans art, ni rime légère…

Pourquoi la gloire en bricolant sa breloque
Fût-elle aussi vive à transpercer ses murs ?
Des phrases solides stylées en mots durs
Soudain se dissolvent en fibres de loques.

Cette scène offre à déconstruire indomptable
Ce risque exemplaire esquissé démontable
Qui perd trop d'incandescents arts littéraires.

Car bientôt la romance à brume essoreuse
N'est plus qu'un nuage à fadeur ténébreuse
Fuyant l'Art forgé de motifs de barrières.

Ma nature
21 mars 2024

L'objectif de ce printemps est-il de taire
Les slogans d'un arbre anarchiste d'esprit ?
Les banderoles de ses fleurs m'ont surpris :
Ma nature et mon franglais sauront déplaire…

Et tant pis si tu détestes nos murmures,
Parce qu'ils auront du succès tous les jours !
Notre argot trop neuf t'échappera toujours.
Jusqu'à quel point traduiras-tu nos parlures ?

Je vous comprends mieux que ce que dit la presse…
N'importe quoi, conclut l'arbre, eh ! fast-go stresse
Dans ton glyphosate, en floquant tes choux-fleurs…

J'ai tout noté, respectueux de ma source
Dont j'ai rapetissé le lexique (of course).
Car l'arbre enfle en chocs fleuris quelques rumeurs.

Trop léger ?
22 mars 2024

La légèreté n'est pas un sonnet lourd,
Plein d'ampleur romantique et sans forme où règne
Un tourbillon nostalgique et l'art s'imprègne
D'audace éblouie aux flottantes amours.

Nerval vous dirait que les amours flottantes
Se muent en Sylphides de gaz aux vapeurs,
Imprécises prêtant leur brume aux labeurs
D'un progrès mécanique aux chaînes grinçantes.

Oui mais ces vapeurs sont-elles si légères ?
L'oiseau s'envole et rêve loin des ornières,
Mais face au nuage il doute, il craint le pire…

Car l'histoire à la Nerval, eh bien c'est trop
Lourd, bien trop pour un rêveur ; ce n'est pas pro
Du tout, tout ce gaz, lorsque croule un empire.

Coup de grâce
23 mars 2024

Se baigner dans l'algèbre est un coup de grâce.
En est-il de pire ? il faut savoir le voir.
Ses impairs jeux vagues pourront décevoir
Mais plus d'un cascadeur l'admire à voix basse.

Car sa splendeur très baroque est un surplomb
Vertigineux au-delà duquel ton rêve
Nage et verse en fugue aux grâces d'autant brèves
Qu'elles sont parfums d'essences, mais sans plomb.

Je sais que c'est brusque un concept à comprendre.
Un goût fugace mais science à surprendre,
L'évanescent souvenir syncope en zèbre.

Le cœur n'entend rien quand le nombre y dérape,
C'est pourquoi ce coup de grâce éclaire ou zappe
Pour nous éblouir quand se chiffre une algèbre.

Gratitude

23 mars 2024

Était-ce aussi de la gratitude avec
Un excès d'indicible amour pour ce rythme ?
Bref, tu avais conclu que leur algorithme
Préférait l'hendécasyllabe au pair sec.

Bouger son groove en onze it's est plus houleux.
La Disc-Jockey puisait aux bugs confortables,
Qu'elle imbriquait d'arcs rocailleux respectables,
Sur splash de gratte en bois d'un smooth fabuleux.

La fête était tendre et plus que d'habitude,
Culbutait ses angles droits hors platitude.
Mais l'atmosphère était telle au bout du soir

Que sa danse entraînait jusqu'en altitude
Vos corps fair-play, frissonnants de gratitude,
En assouplis sensuels à percevoir.

Sympa
24 mars 2024[2]

C'est très sympa ce concept, ça fait plaisir
C'est un mécanisme au feu sportif rustique
Il faut pédaler, ça démarre erratique
Et puis la contrebasse y baigne à ravir.

Ça va pulser, t'en fais pas oui, la basse ouvre
Un parterre un peu sombre au rapide abrupt
C'est un son bolide au chant d'oiseau si dru
Le swing épique est un sport qu'un pizz' entr'ouvre.

C'est tumultueux plein d'art, c'est d'avenir,
Tu peux transfigurer l'air trop creux, surgir
Saturé d'un fabuleux qui s'improvise

C'est une audace assez vaste et ça rapporte
L'enregistrement de cet ensemble exporte
Ses croustillants solos, chocs de friandises.

---

2 Les cinq sonnets du 24 mars 2024 ont été librement improvisés
à Bois-Guillaume en direct de 17h à 18h durant un concert de jazz
donné à l'Espace Guillaume le Conquérant de Bois-Guillaume (76230)
par le contrebassiste Emmanuel Thiry et ses amis...

Discours
24 mars 2024

L'orateur sait quand même ouvrir un silence
Il suffit de tendre un long cou jusqu'au plafond
De pomper le brouhaha dans un siphon
Aussitôt du vacarme un regard s'élance.

C'est juste un entraînement jusqu'au surplomb,
Le bruit du vent happe un discours qui se verse
Pas un jour sans sa ligne, un reflet s'inverse
Miroir Léopard, le félin swingue en long.

C'est ça le soir à cinq heure avec public
Grâce au partenariat, très utile au fric
Le sonnet parle monnaie mais vers le bas.

L'or baroque est loco, fou d'espagnol franc
Don Quichotte à foison pour moins de cent francs
Ils calculent balancent leurs flux d'éclats.

Poum

24 mars 2024

Poum pam poum, tapisserie éparpillée
Le pianiste enroule et regonfle son aile
D'accord cmpilant son arpège en chandelle
Le son navigue, enfle en voile éraillée.

Le faux répétitif y joue et déroule
Un son découpé, recousu de synthés
Le public jubile à sa tasse de thé
Quand le jazz lui infuse un calembour houle.

Un blues aux arts mis, tornade à cime où tôt
Le changement décale un extra bientôt
Qui vibre aphone, aère et sa pâte y rythme

Musicologique un guitariste électre,
Hic, l'ampli peut créer son effort de spectre,
La contrebasse improvise un punching-rythme.

98

Swag tout Bach

24 mars 2024

Duo d'arpèges, de piano contrebasse
Un presque rock onctueux de tac au tac
Un stylo basse offre un polar ric et rac
Duo d'adresse ou suspens d'autre grâce.

Ils accélèrent décélèrent s'enflent et soufflent
C'est algébrique et précis mais du swing est là
Quand soudain surgit sans retard la diva
Elle esquisse un fond clarinette en maroufle.

Summer time en jaillit en Mozart de fable
Comme un preste effet de chaleur sur le sable
Percussif inventif choc chic brusque il grimpe.

Le jazz était sur l'affiche en prompt dessein
Swag tout Bach vif, cinéma sans clavecin
Bien trempé pour contrebasse au style Olympe.

Swing

24 mars 2024

Le swing onctueux qui grimpe en soprano,
Se floute un rêve il dort pour presque soixante
Just thc two of us, la musique est consciente
Qu'un chiffre improvise esthétique… et bravo !

Frac chic de Sting, qui glisse au flanc d'un fracas
Se cueille en lent souffle au rythme old tibétain
D'un son qui bronze et fuite avec le bon teint
Qu'un vibraphone aspire en cordial sympa.

L'impro s'ouvre en solo qui flambe en rebelle
Un splendide y brille où qui chante y rappelle
Qu'un rauque énergique offre au jazz d'être estoc

Sa volte y rend libre un festif qui jaillit
Lorsque le blues est d'âme, il fuse inouï
Il est souffle et s'enfle avec frissons en stock.

Rime en flagadas

26 mars 2024

Tandis que la poésie offre un usage
Chaque fois plus net, idéal au lecteur,
Acariâtre la rime agonit l'auteur
Touriste elle exige un nouveau paysage.

Mais est-ce le sujet du présent ouvrage ?
Quand j'évoque un déficit d'inclinations
Avec flamme pour éclairer vos passions
Faut-il d'un bras d'honneur nier mon courage ?

Point de quoi dégringoler banal amas
D'un tas de « Ah ! » raillant nos panoramas.
En effet rimer ce n'est pas bâiller sourd

Pire est la rime en flagadas tout de même,
Quand son timbre est placage elle croit qu'on l'aime
C'est pourquoi son rythme anime un contrejour.

Objet facile
27 mars 2024

La rime est pour conclure un objet facile.
C'est très concret, ce n'est pas un sport abstrait.
Rien n'y ressemble au poétique à peu près,
La rime est précise ou n'est qu'un flou qui file.

Ce flou qui file est un trouble exceptionnel,
C'est très rare et peu de poètes le pêchent
À la ligne au cœur abscons des fleurs de dèche.
C'est le hasard d'un jour trop professionnel.

La rime est un volume avec sa hauteur
Sa vigueur, son vertige et sa profondeur.
Elle est inébranlable aux roulis sensibles.

Je pourrais détailler le fruit de ses causes,
Mais la rime est tout un fatras d'autres choses
Qui modernisent maints écrits impossibles.

Sport
28 mars 2024

Qu'un sonnet vise au plus vif, certains le disent.
Évitons les ventripotents discours drus.
Pourquoi gonfler du prosaïsme incongru
Quand un rythme offre d'alertes friandises ?

Si tu t'aperçois que ton temps court trop vite,
C'est que tu lis trop les raivyzors en frac
Qui t'emberlificoteront dans leurs tric-trac.
Pour approfondir la question, lis la suite.

Réponds bref triturant tes rimes grandioses
Pour esquiver leurs flots de raivyzist's proses.
Tu verras l'instant s'éclaircir infini.

Puisque tu m'as lu sans que nul ne te presse
Goûte un sonnet neuf quand ton hamac te stresse.
Après tout ce sport est un luxe étourdi.

Pesanteur

29 mars 2024

Alourdis ton premier vers avec l'enclume
Tu verras que ton propos vaudra plus lourd,
Bien plus qu'un schématique à peu près d'amour.
Le grand public prendra au sérieux ta plume.

La télévision t'invitera d'urgence
Pour que tu décrives les détails précis
De tes substantifs, leur engrenage aussi,
Tu pourras brandir ton retour d'expérience.

Le poète est un ingénieur qui s'enferre
En réchauffant quelque métallique affaire
Simplement pour lester d'un bon poids le monde,

Sinon tout s'envole au hasard sans mesure,
Cessons de brouiller la prose à la levure,
Le concret s'ancre où la pesanteur abonde.

Invendable

30 Mars 2024

La poésie à vendre au poids est-ce aussi
Disruptif que le prétendrait d'un air noble
L'admirateur de la mercatique ignoble ?
Nous évitions le commercial jusqu'ici.

Un poème est si pur d'être juste affable
Qu'il passe au travers des écrans sans un bruit
Comme un silence audible après l'art détruit
Sans que s'en occupe un vendable inlassable.

Mais voici soudain qu'un public se questionne.
Quel est donc ce rien vif qui file et résonne
Sur le parquet du couloir en syncopant ?

C'est un geste aérien simple et juste et souple
Il nous balance un swing qui pulse et découple
Sa révolte invendable, oui tout fout le camp.

Jazzman
31 mars 2024

Dorlotons nos bravos sans calculs jusqu'...Ah !..
Pour applaudir aux colossaux baroufs d'arts,
Voguant hors-bords, mais sans flops ni trucs braillards
Ni ployant sous six ou vingt flancs trois froids glas.

Vingt-cinq plus vingt-cinq plus dix voilà du bruit
Qui surgissait fringuant loin d'un trop vlan vain,
S'approfondissant bons ans mal ans gradins
D'où voir pourquoi l'art du jazz fourbit son fruit.

D'un bon crin d'or qui colorait l'abat-jour
Jusqu'à l'auroral panorama d'un jour
D'où jazzman l'art transparaît jailli parfait,

L'instructif tact d'un fourbi figuratif
Par l'instinct d'un plus abstrait blizzard actif
Nous bluffait par ton impro qui balançait.

Avril 2024

Foudroyant
1(e)r avril 2024

Hors d'un palais vont dix-huit cuistots hagards
Ça n'allait pas si mal, font-ils bavardant
Jusqu'au boucan d'un pain au poisson fondant
Un plomb du frigo qui ronflait au hangar.

A-t-il bouilli nos glaçons dans son gibus ?
Qu'a-t-il fichu ? font nos braillards haut du col.
Bossant sans frissons aurons-nous lors du bol
Dans trois ou cinq mois aux assauts d'omnibus ?

Car nos bavards chagrins sont sportifs omis
Par nos journaux gommant plus d'un gag commis
Au biais d'un bon plat foudroyant par passion.

Mais pourquoi l'animal au frigo pourrait
Ahurir l'art snob ? Qui parmi vous saurait ?
Nul choc haut boit son avril d'institution…

Ariane
2 avril 2024

Individualiste, il trimait tout seul
Sur ce drame au cagibi d'un labyrinthe,
Où burlesque un minotaure était d'astreinte
Militaire âpre avec des yeux d'épagneul.

Imaginez ce spectacle invraisemblable :
Un risque où plus d'un auteur pourrait faiblir
En cadrant d'autres clichés pour s'anoblir.
Lui, dans sa roture, il décuplait la fable.

Exact, il décrivait tout dans le détail,
Chaque ombre et chaque odeur, le bruit du bétail.
Il multipliait serrés ses traits d'auteur.

Orfèvre ou graphomane, il représentait
Ariane au fil tordu qui dénoyautait
La caserne et partait danser l'air blagueur.

Prudence
3 avril 2024

Il est quasiment certain que ta prudence,
Pourtant charmante, amusera l'air qui dort
Et qu'elle ira jusqu'à divertir ses bords.
Ainsi glisse un silence, il sculpte une danse.

Tu pourras creuser l'à peu près de la forme
Avant de t'évader ; c'est fondamental.
Quand certains te diront que l'ordre est fatal
Crawle à l'imaginaire qui songe hors-norme.

Car ta nage y rêvera d'allégorique,
En général tout y va sauf la bourrique
Quand son patron l'embourbe au fond de l'ornière.

Alors si tu viens lire ici sans bagage
Et que ta lecture y sombre au creux langage,
Il suffira de travailler ta lumière.

Poète

4 avril 2024

Il suffira d'avoir l'esprit d'escalier
Pour être au niveau du trottoir, de la foule,
Des pavés, des autos, du flot qui s'écoule
Observé par des yeux chics, festivaliers.

Ce sera brave, émouvant d'imaginaire
En province à l'abri du pont d'Avignon,
Pas loin d'un troupeau vrombissant de camions
Qu'il suffira d'aller voir presque ordinaire.

C'est quand même assez simple d'être un poète,
Il faudra juste adopter l'air d'un poète :
C'est simple il ne faut rimer à plus rien d'autre.

En amateur, tu descendras l'escalier
Pour tout prendre en dictée, en souple écolier.
Mais n'attends rien des mots qui skient et se vautrent.

Bâillement

5 avril 2024

C'est d'un bâillement, Sibelius en Jaguar,
De froide élégance au flou parfum d'errance.
Son imprévoyance à gaspiller l'essence
Résume absurde un style un peu trop fuyard.

Piqueniquant dans sa guimbarde en guignard
Il enflait sa radio, non sans négligence,
Tapageuse à pleins gaz négligeant sa chance,
Il happait un sandwich, pas au caviar.

C'était un prélude aux détours en bagnole
Vers les Pyrénées vers sa sieste espagnole,
Sa paresse évidente aimait nonchaloir.

Ébloui d'être un cinéaste en Jaguar
Il donquichottrêve avisant un plongeoir
D'où la Vénus de Cabanel cabriole.

Rossignol flambeur

6 avril 2024

La limpide inconnue ouvre à l'herméneute
Un espace, un volume au sein du discours
Dans un bol d'air au subtil jamais trop court,
D'une simple danse à l'écart de la meute.

Elle accueille un souffle un rossignol qui flambe
Tous les ressorts de son rythme en musicien
Il brille, éblouit, survolte un style ancien
Jusqu'au neuf (du sans-fil) et sans ronds de jambe.

Et la subtile équation s'admire intense
L'écritoire est aimable en cueillant sa chance
Elle additionne ou multiplie, elle écoute.

Le rossignol joue à surprendre et répète
Son calcul qu'il risque il imagine et guette,
Il s'intrigue, il s'étonne, étudie et doute.

Chiffre invisible
8 avril 2024

Du comptoir jusqu'aux produits elle allait vive
Virtuose au son d'un bip d'ordinateur,
Accueillant les clients l'œil calculateur,
Pour les farcir de formule décisive.

Elle était élégante et passe-partout,
Se fondait dans le décor, mais décisive,
Savait détendre une opiniâtre explosive,
Ravivait son désir, emportait l'atout.

La façade extérieure était assez grise,
Mais les couleurs des rayons plein de maîtrise
Pouvaient retentir surprise imprévisible.

Elle armait son aisance aux goûts du temps court,
Mesurait sa parole aux fruits du retour,
Encaissait souriante un chiffre invisible.

Le long du lac
9 avril 2024

Elle avait la griffe intraitable ; en panthère,
Elle allait, sans un mot, mais l'œil vif, un soir,
D'un pas chic et souple, improvisant pour voir,
Évitant de scintiller, vedette impaire.

Elle était discrète, attentive ; et la lune,
Devant ce geste artistique, applaudissait :
Ce silence et ce pas me sont un reflet,
Pensait la planète, esthète à sa tribune.

Mais l'artiste esquivant son admiratrice,
Allait modeste et sportive exploratrice,
Le long du lac, en somptueuse inconnue.

Elle avait la danse élégante et féline,
Elle explorait sa nuit, soigneuse et maline,
Furtive au miroir évitant d'être lue.

Soudain

10 avril 2024

Tous les crispés trop vains cognent par coutume,
Cependant qu'un souvenir grogne au rempart.
Malgré ces chocs, l'aventure ouvre un hasard
Si l'ouragan roule une vague d'écume.

Alors Ulysse intact sort du vestibule
Tandis qu'une averse entrechoque un décor.
Partout des reflets débordent sur les bords
Quand, discrets, s'ouvrent des bourgeons funambules.

Mais si le gris cesse et que tinte un beffroi
Lorsque le soleil s'embrase de sang froid,
Soudain l'art frissonne à la puissance cube.

Aux flux du réseau de ce feuillage en gros,
Si toutefois l'image n'est pas de trop,
Chacun peut sentir un espoir qui titube.

Le bruit du vent
11 avril 2024

Le bruit du vent simplifie un peu sa phrase
D'un propos (non sans souffle) au sens très secret,
Pas toujours audible au spectateur distrait
Qui suppose qu'un silence s'apprivoise.

Or ce silence est un zèbre assez sauvage
Quand l'ouragan s'amuse en ronflant jongleur
De tuiles, de toits, de branches ou de fleurs
Il est clown espiègle esquivant maints barrages.

Il a pourtant ses lois de droit naturel.
Il s'amuse en figurable culturel,
Il candidate auprès de plus d'un poète.

Le vent qui décoiffe aime l'ébouriffé,
Il veut qu'on l'adule en sonnet paraphé.
Mais quand je cherche à l'écrire, il pirouette.

Morphème

12 avril 2024

C'est énervant les consonnes rancunières,
Mais surtout lorsqu'y bafouille un choc tordu.
Alors le croc s'y fourche et croche éperdu.
Pourquoi ces brochés boxent-ils sans lumières ?

C'est agaçant des voyelles d'amertume,
Cependant leur souffle n'est pas sans humour.
Mais alors pourquoi bâiller d'un « o » balourd ?
Qu'est-ce après tout qu'un mot qui flotte en l'écume ?

Sans nouer le morphème au style insolite
Qui cravate un poétisme à sa faillite,
Pourquoi patauger dans l'interprétation ?

Si ça se trouve il navigue en métaphore,
Certains diront qu'il s'amuse au sémaphore.
Mais alors n'est-il que gesticulation ?

Pour écrire il suffit
13 avril 2024

Mais alors à quoi ça sert d'écrire en rime
Si nul n'y prend garde et que chacun s'en fout ?
Le public n'y voit goutte au rythme en-dessous,
La prose aujourd'hui n'a plus l'air d'être un crime.

Tu as le droit d'écrire et sans calculer
Rien du tout, tu peux aligner tes vocables.
L'à-peu-près circule aussi bien dans les câbles,
Ne te prends plus la tête au chiffre ampoulé.

Vois-tu pour écrire il suffit de rouler
Ton stylo pour qu'il griffe en noir ton cahier
Pour que l'encre imprime un hasard émotif.

Oublie un peu la rime ! écris par dessous !
Ton inconscient te rapportera des sous.
Écris sans compter, sans trier tes motifs.

Circonflexe

14 avril 2024

L'art est si sensible aux battements du cœur
Qu'il faudra de la place en plus pour tout dire
De ces sentiments à n'y rien s'interdire,
Sans jamais simplifier, sans accrocs moqueurs.

Car la feuille est pauvre et chétive ; et la ligne
Encore un peu plus induit l'imprécision.
Faudrait-il résumer ces feux de passion
Un par un quand le stylo crisse et trépigne ?

L'écriture est un sport d'excès de vitesse.
À l'opposé des yeux des vaches qui paissent
Ton regard labyrinthe aiguise en perplexe.

Quand tu vois du lugubre ourdir sa déglingue,
Ton carnet doit être un piano de bastringue
Dont le clavier rythme un nodal circonflexe.

Veille

15 avril 2024

Ils étaient amoureux d'un ciel philosophe
Aux reflets de concepts, désarçonnés grands.
Ils avaient du courage, exaltaient l'écran,
Leurs calembours étaient pixels sur la strophe.

Elle était insolite aimait l'or limpide,
Courait sur la plage esquivant le caveau.
Il naviguait sensible aux jeux du cerveau
Lent qui va courir aux flots du frein splendide.

Ils traversaient avril, presque artistes, si
Ce rituel acceptait leurs arts ainsi.
C'est océanique un savon de Marseille.

Leur faste exhibait son moteur dans l'air pur,
Tonitruait en parfumant leur futur,
Mais ils pointaient pourtant leur nord flou qui veille.

Accent chic
16 avril 2024

C'est une absence un peu bizarre un mot qui
Boude en dehors de la marge en s'oubliant
Comme un blizzard soulève un fauteuil pliant
Pour qu'il vous entraîne en l'air tout riquiqui.

Ça pourrait conduire au sublime, au grandiose
Admirable esthétique à l'audace abstraite,
Comme un accent chic en dessous d'une crête,
Avec ses couleurs d'avril presque en symbiose.

Mais cela manque à tout le monde un mot qui
S'envole en concept par dessus le maquis,
Distordant son rôle à l'extrême en flexible.

Quand le lexique est grosso modo plastique,
Il se sophistique en nuance élastique,
Figure indicible au charme imperceptible.

Choix
17 avril 2024

Nul n'est jamais sûr de bien choisir sa langue
Et pourtant (dit-on) cet art se sculpte en l'air.
Si parfois le brainstorming c'est la galère,
Souvent le néologisme ouvre au big-bang.

Il arrive aussi qu'un poétique enjeu
Nous translate aux structures subliminales.
C'est pourquoi leurs voices sont phénoménales.
Mais alors ce choix n'est-il qu'un très vieux jeu ?

Pourtant si la rime harsh ouvre au Moyen-âge,
N'oublions pas de clasher nos personnages,
Car plus high est le swing en catchy franglaise.

Et si ça vous tick off mon cross up d'emprunt,
Sachez qu'aujourd'hui, loin du lazy train-train,
Le vrai poète est un worker qui prend glaise.

Changer de style
18 avril 2024

Je pourrais demain changer de style, écrire
Avec des retours en arrière en pesant
Chaque lettre au trébuchet d'un mot plaisant.
Les lecteurs y pourront peut-être souscrire.

Face à la nouveauté, chacun serait sûr
De l'interprétation : ce texte est moderne,
Rien à voir avec l'âpre antiquité terne
Écrite en Grec, en Latin dans l'ombre azur.

Je travaillerais le français d'aujourd'hui,
Celui si clair qu'il exprime aussi l'ennui
Je renouvellerais sa mode insolite.

Tout serait bouleversé, mais élégant.
L'art est si clair quand on ne prend pas deux gants
Mais juste un seul pour ne pas qu'il périclite.

Photophore
19 avril 2024

L'affluence au bout du sens opère un tri
Et l'emballe allégorique ou métaphore
Avec son long frelon dans un photophore,
Tout ça bourdonne au bord du gouffre ou du prix.

À quoi ça sert on l'ignore au moins ça brille
C'est féroce olympique ou juste un effort,
Un essor authentique et brusque il en sort
Du suspense emballé qu'un déclic étrille.

Tout cela déplié s'échauffe et sature
L'espace en couleurs de sons sans ossature.
Par-dessus, l'art se structure et vous questionne.

Si la fluence y glisse en glace auditrice
Au moins la lettre y coule une orbe en actrice
D'influence et t'offre un choix qu'un point bastionne.

Passante

20 avril 2024

Elle était élégante, active, à la mode,
Elle allait à la ville offrir son regard
Aux trottoirs pluvieux d'un trop vain boulevard,
Sa beauté fusait sans que le gris l'érode.

Elle était sportive et née à la campagne,
Mais très citadine elle ornait son savoir-
Faire en silhouette agréable à voir,
Se drapant de perfection d'un simple pagne.

Elle armait l'accent d'un long corps de danseuse
D'un pouvoir d'esquive aux pesanteurs oiseuses,
Et nous dessinait l'espoir par sa démarche.

Simple passante ou musique au philosophe,
Mais souple à se hisser jusqu'à votre strophe,
Elle émergeait hors du métro marche à marche.

Simple et modeste
21 avril 2024

Pour construire un bon sonnet, lis les poèmes
De Pierre Thiry… médite-les souvent…
Fabrique avec leur rythme un bon paravent
Pour te mettre à l'abri des proses trop blêmes.

Si ta phrase est blafarde, ajoute aux virgules
Un point-virgule ; des points de suspensions…
En désordre… …avec des points d'exclamations !
Pour surprendre, évites les chocs ridicules…

Il faudra travailler longtemps, mais sans lire
N'importe quoi, choisis les bruits de ta lyre.
Puise aux bons auteurs, lis du… … Pierre Thiry.

Si tu veux, soigneux, produire un très bon texte,
Copie ce sonnet ! N'omets pas le contexte…
Simple et modeste, écris… …du Pierre Thiry…

La cigale hors la fourmilière
22 avril 2024

On n'est pas snobs pour se faire enquiquiner.
Quand le roi d'Atlantide explore en touriste
La garrigue en Provence, eh bien, nul n'est triste.
La cigale en rigole en riffs raffinés.

Ç'te Rolls-Royce à Sisteron c'est glam'tonique.
Pour dessiner l'auto, mon jazz suffira
Avec du jus d'Évian dans du Baccarat.
Son réservoir sans pétrole est plus comique.

On n'est pas heurts pour gros tacots dépourvus.
Dans son char, le roi lorgne aux zicos diffus,
La panne est fatale à l'ours pataphysique.

Quand la cigale est complètement tordue
De rire, on peut hors la fourmilière ardue
Fleurir les flux du brut de griffus graphiques.

Esthète
23 avril 2024

Quand tout va vite et que ta cervelle implose
Prends un temps de lecture, explore un bouquin.
À toi de choisir, il n'y en a pas qu'un.
Offre un soir au livre, ouvre un rêve à ta glose.

Ou tu peux choisir de lire un paysage,
Sur un chemin de terre au milieu d'un vert
Pâturage où peut jaillir un conte ouvert
Par trois fois rien qui danse à ton usage.

L'âpre urbain trop austère épuise un tic-tac,
Comme un chenapan pris la main dans le sac,
En flagrant délit de mal jouer son rôle.

Sois juste esthète, écoute un bruit qui savoure
Ce paradoxe où chacun plonge et se goure.
Applaudis plus ta breloque, elle est si drôle.

Beauté qui passe
24 avril 2024

Il est vrai que la beauté qui passe est vive.
Le paradoxe est sauvage, il a pourtant
Fleuri les mots des poètes du vieux temps.
Ce sont des rêveurs, ils aimaient donc l'endive.

Mais quel rapport au beau vif ? répondrez-vous,
Cette éphémère endive est elle une muse ?
Ainsi planté, ce profond problème amuse.
Pourtant ce légume est rêveur, tendre au goût.

Ce détail accroît la beauté du symbole,
Alors le citadin l'ignore et rigole,
C'est pourquoi l'endive a le cœur si serré.

Cependant la vive est belle à qui la voit.
Et puis sa noblesse est en fleur quelquefois.
Mais comment la transmettre au peuple affairé ?

Dé bazardé
25 avril 2024

Le film brique écran, manquait d'explication,
Il n'était pas muet pourtant, mais sonore.
La foule enquiquinait la brise incolore,
Impressionniste en s'escarpant l'équation.

Jusqu'à cet escalier de dard et décès
Fusaient des grêlons, des frelons, des gredins
Brumeux dissimulés, parmi les gradins
Peut-être un couple au même instant s'embrassait

Mais pas longtemps, car soudain le plan se coupe.
La pellicule en sept lambeaux le découpe,
L'interprète y roule au labyrinthe à tordre.

Station Nuit Blanche un dé bazardé se zèbre
Sans heurter ce mystère éclipsé célèbre,
Sauf qu'il plonge au sonnet pour n'en pas démordre.

Théâtre
26 avril 2024

C'est plutôt simple et guère écrit, pas de quoi
Remplir un roman, c'est une obscure affaire
Bien sûr, aux ramifications d'atmosphère,
Déplaçant plus d'un parfum, mais d'un bon poids.

Oui, c'est du lourd, pas compliqué, mais des tonnes
D'arguments devront s'imbriquer bien fourbus
Un seul acte y décortique un tas d'abus
De grognements sourds (les strapontins déconnent).

Il faudra des longueurs de plume à torpeurs
Sans négliger les détails, car ça fait peur
Des rêveurs stressés par des bruits de panthère.

Mais la scène à décrire au suspense acteur
Livre au public son bruit de torréfacteur.
Que voulez-vous, c'est du théâtre à mystère...

Douze à l'heure
27 avril 2024

Quand il rêve, un poète invente un sonnet
Trois fois par heure… Il peut grimper jusqu'à douze !
Pour y parvenir tu dois rimer en blouse.
Car un poète ingénieur est toujours très

Industriel, sérieux il creuse un progrès
Vers la croissance, il rime aussi pour du flouze,
Il parle à la télé, n'aime pas la louze,
Poétise en prospectif, sans à peu près.

Il a sa clientèle et ses industries
Quand il touche à son clavier c'est par des trilles,
Multipliant leur chiffre exquis mais commode.

Le sonnet par douzaine à l'heure est un sport
Que tu peux risquer de nos jours sans effort.
Le douze à l'heure ouvre un espace à ta mode.

Surgir plus vif
28 avril 2024

Non, mais dis donc mon bonhomme est-ce aujourd'hui
Que tu nous feras ronfler tes chocs de cordes
Sur le chevalet brusque sans monocordes ?
Dis voir mon gaillard, ne sombre pas dans l'ennui.

C'est brutal un texte ample au jeu poétique
C'est fatal, sans image, un peu trop muet.
Le calcul est rapide au rythme fluet,
Mais il est si long quand le cœur pulse éthique.

Il faudra plus écrire au fleuve à ratures
Inventer du nouveau jamais dit qui dure,
Pleurer, jaillir et rire, ému qui s'enchante.

Il faudrait pouvoir déboussoler ton style
Avec ta tendre aux longs battements de cils
Créer, surgir plus vif qu'un oiseau qui chante.

Ingérable

29 avril 2024

Le sens d'un écrit va parfois transférable
Jusqu'au creux de l'oreille, oui la tienne ici.
N'entends-tu pas ce souffle ? il oscille ainsi,
Comme une danse à la mode, ivre, ingérable.

Puisqu'un bruit se hasarde en luxe arbitraire,
Tu comprends ce que tu veux, mais rien du tout
Ne vient t'atteindre au cœur, car l'âpre t'est doux.
C'est pourquoi l'artiste invite au choix d'abstraire.

Peut-être en avril un sonnet simplifie.
Mais dehors ce brouhaha qui s'amplifie,
Diras-tu qu'il donne un sens à l'existence ?

Alors tu vas, tu cours et tes mots s'écrivent,
Simples mais flous lorsqu'un nuage y dérive.
Il s'anime ingérable et… non sans prestance…

Remonte-pente
30 avril 2024

J'ai breveté ce sonnet remonte-pente
Quand l'heure ouvre au trente et sixième en dessous.
Lis jusqu'au bout tu le percevras dissout,
Presque un remède au flop affreux qui se plante.

C'est un vrai texte avec sa philosophie,
Organisé comme à l'école avec soin
Pour te remonter sans te nourrir de foin.
En quatre couplets, tout se complexifie.

Leur point de fuite va creusant comme un bœuf
Un cirque à se laisser choyer comme un œuf
Pendant trois quarts d'heure dans une bouilloire.

Quand le risque est tragique instable à béquille,
Avec des perspectives d'âcre escarbille.
Faut-il descendre au style antiquaire ignare ?

Mai 2024

Palpitations de rien
1er mai 2024

Au milieu de ces palpitations de rien
Qu'est-ce que le bruit de ce souffle inaugure ?
Sournoise est la route y troublant sa figure
Serait-il possible au creux d'être aérien ?

Mais si la question reste au bout suspendue
Combien de pantins sont dessous ses filins ?
Recherche ou savoirs ont leurs champs opalins
Pour y aller, grimpe en diligence ardue.

Et passionnément, goûte au vagabondage
Oh ! cette errance ouvre un espace au langage
Non point qu'il ait besoin de vide pour être.

D'ailleurs, l'heure est aux rebonds sur les cailloux
Alors si tu traduis leurs frottements flous
C'est que ta lecture offre un sens à leurs lettres.

Équilibre
2 mai 2024

Il faudrait ajouter à cet agrégat
Juste un poème écrit d'aujourd'hui qui lève
Ce truc neuf qu'une antique question soulève :
Pourquoi ce monde absurde est-il si fada ?

Bien sûr, cette phrase n'est qu'une insolence
Alors que tout se calcule et se prévoit,
Et que chacun librement classe à l'endroit
Qu'il faut sa musique au bord qui se balance.

Ce n'est pas si compliqué de déchiffrer
Au jour le jour l'ère, au lieu de s'empiffrer...
L'équilibre en serait moins bringuebalant.

Pourquoi s'énerver pour une balançoire ?
Est-ce parce que l'esprit brille en passoire
Ou bien n'est-ce qu'une simple erreur de plan ?

Point final
3 mai 2024

Non, non, non, non, non, je n'ajouterai rien,
La poésie est trop liquide et baroque,
Et souvent la rime y tourne un peu breloque,
Avec ce tic tac de gros texte à vauriens.

Alors non, non, non, non, je ne boude pas.
J'ai décidé de me taire avec constance
D'accord ? peu importe ce que tu en penses,
Je sais parfaitement rêver l'air sympa.

Mon silence est distingué, regarde un peu
Comme à la fin souffle un émotif râpeux.
Je serai mutique abrupt mais silencieux.

Non, non, non, non, non, non, non, je n'écrirai
Plus une ligne au bout du sonnet, ni trait,
J'écraserai mon point final sentencieux.

Épilogue

Sois fleur aux cœurs
29 juin 2024

Parlons plus haut l'urgence est là
Entre la rose ou leur flamme ivre.
Ils voudraient consumer nos livres
Sois fleur aux cœurs des favelas.

La nef à schiste éructe et brûle,
Ébrèche Iliade au fuel aigri,
Tribal ex crème outrant ses bris,
Scénario pauvre aux flous sans bulles.

Décodons plus, l'époque est brute,
Brutale aux mots, cratère aux luttes
Sois fleur aux cœurs, sois libre et cause.

Déconstruis plus l'angle escogriffe
Sois rythme aux cœurs, chance à ta rose,
Offrons sa danse aux jours qui griffent.

Le temps qui reste
Sonnet du 30 juin 2024

Il paraît qu'un sonnet nous ferait rajeunir
Ce bruit court en mode à l'emploi pharmaceutique,
La jeunesse y fagote un charme herméneutique
Il faudrait en lire un pour cesser de jaunir.

Mais il arrive aussi qu'un sonnet qui cavale
Galope en pesant, pachydermique escargot
Écrasant sa vertèbre avec son escabeau,
Car le sonnet n'est pas qu'un crépi qu'on ravale.

Il n'est pas futile à la surface il s'imprègne
Du poids du monde afin que l'outrancier le craigne
Il creuse en poétique un naufrage impassible.

Il vrille au cœur du vain pour écouler son rêve
Il boit presque un bon vin pour brasser d'amours brèves
Le temps qui reste avant l'humoriste à fusible.

Flux favorable
2 juillet 2024

Faudrait-il déjà se taire et laisser la phrase
S'éteindre en silence avec son humour perdu,
Ses échos de souvenirs du rythme éperdu
D'un effort tragique où libre une histoire embrase ?

L'image offre un jeu lorsqu'un désespoir tapisse
Les couleurs du vieux rêve avec un lourd instant
Quand terrifiant l'été nous déchire un printemps
Qu'un artilleur d'orage éparpille et ratisse…

Cet art tout imprégné d'à peu près, s'improvise
Il s'arrange en grimace en rouillant sous la grise
Prévision des serrés trop sérieux machinismes.

Ils croient avoir tout prévu, mais un jour découvrent
Que leurs calculs étaient faux quand leurs yeux s'entrouvrent
Sur un flux favorable aux joyeux féminismes.

Prudence
6 juillet 2024

Que faut-il y comprendre et que dire et que faire ?
Faut-il raser les murs, sans courage en secret,
Dans une absence énigmatique émettre un trait
Sur tout ce bavardage à fourbir pour se taire ?

Pourras-tu distinguer le déni du silence
Et l'espoir embrouillé d'un suffrage embourbé
D'un futur dévoilant ses concepts au rabais ?
Faut-il se rabougrir quand le cœur aime et danse ?

Que pouvons-nous surprendre au fond du rêve enfui
Quand l'écriture adopte interdite un fouillis
De ballets sans raisons dans sa parole émise ?

Que pourrons-nous suspendre au bout du choix muet
Si ce n'est l'heure absurde au goût d'un faux brouet ?
Songe en silence et lis… Ta prudence est de mise.

Triangulaire
7 juillet 2024

Un jour triangulaire a des rigueurs brumeuses
Anguleux pas très clair il grince en ogre obtus,
Il trotte en raclure âpre, écorche à l'angle aigu.
L'illusoire a ces jours-là l'amble besogneuse.

Bouillir aux échecs à trois, vous crispe un cerveau
À déglinguer l'échiquier sous six yeux de braise.
Les plus rugueux voudraient en plus fraiser la fraise
Faut-être idiot pour griller des fruits sans défauts.

Le jour triangulaire est vif, il ne pivote
Pas, mais court au vertige, au clavier sans gavotte,
C'est un ardu bazar, d'accro sport besogneux.

Chacun veut tourner le flux des débroussailleuses.
Le charognard y gonfle un calcul d'houspilleuses.
Leur trille angulaire ouvre aux clapets rocailleux.

Le vote est clair
8 juillet 2024

Bon, je vous l'avais promis, maintenant j'arrête.
Le vote est clair : un nouveau sonnet chaque jour
Égratigne un peu trop vos fauteuils de velours.
Je veux vous préserver, bénévole exégète.

Car les stylos rimeurs sont trop autoritaires
Leur carrure et leurs vrilles exaltent les raideurs.
Leur effort déraperait jusqu'aux contempteurs
Des vers à peu près libérés, majoritaires.

Alors j'arrête et je prends un peu de vacances.
Je sais que cette audace aura des conséquences.
Je rends mon veston de dompteur d'alexandrins.

Je veux gagner des lecteurs, donc je vais conduire
En coloriste, une moulinette à réduire
L'abstrus grammatical en polars à gros grains.

Sommaire